Derechos de autor © 2024 por Lovescaping y Teaching Multilingual, LLC.
Todos los derechos reservados.

Queda prohibida la reproducción, distribución o transmisión total o parcial de este cuaderno, por cualquier medio, incluyendo fotocopias, grabaciones u otros métodos electrónicos o mecánicos, sin el permiso previo por escrito del editor, excepto en el caso de citas breves en reseñas críticas y ciertos otros usos no comerciales permitidos por la ley de derechos de autor.

Para solicitar permisos, por favor contacta a contact@lovescaping.org.

BIENVENIDO/A AMIGO/A LOVESCAPER!

En este libro de trabajo, encontrarás poderosas lecciones de Alfabetización y Lovescaping basadas en la ciencia de la lectura. Al trabajar con tu hijo/a, no sólo construirás una base sólida de alfabetización, sino que también desarrollarás habilidades de Lovescaping como la Autorregulación, el Cuidado, el Respeto, la Honestidad, la Confianza y la Gratitud. Encontrarás instrucciones fáciles de seguir, actividades interactivas y otros recursos valiosos integrados en cada lección para enriquecer la experiencia de tu hijo/a al escuchar, hablar, leer y escribir. ¡Esperamos que disfrutes y aprecies este viaje de aprendizaje!

Ejemplos de estilos de comunicación que encontrarás en tu libro de trabajo:

ESCUCHAR

HABLAR

LEER

ESCRIBIR

TABLA DE CONTENIDOS

1. Glosario de Lovescaping y Conceptos de Lectura
2. Conceptos de Fonología
3. Cómo Utilizar este Libro de Trabajo
4. Círculo de Lovescaping
5. Cartilla Alfabética de Lovescaping
6. Cartilla Alfabética de Teaching Multilingual
7. Palabras de Uso Frecuente de Teaching Multilingual
8. Rutina Fonológica de 15 minutos de Teaching Multilingual

- 9   Autorregulación
- 23   Cuidado
- 35   Respeto
- 47   Honestidad
- 59   Confianza
- 71   Gratitud

GLOSARIO DE *Lovescaping*

LOVESCAPER: Una persona que practica los 15 pilares de Lovescaping.

AUTORREGULACIÓN: Nuestra capacidad para calmar nuestro cuerpo cuando sentimos una emoción GRANDE.

5 PILARES

- **CUIDADO** — Yo muestro cuidado cuando trato a las personas con amabilidad.
- **RESPETO** — Yo muestro respeto cuando trato a las personas como quiero que me traten a mí.
- **HONESTIDAD** — Yo muestro honestidad cuando digo la verdad.
- **CONFIANZA** — Yo muestro confianza cuando soy honesto, responsable y confiable.
- **GRATITUD** — Yo muestro gratitud cuando soy agradecido.

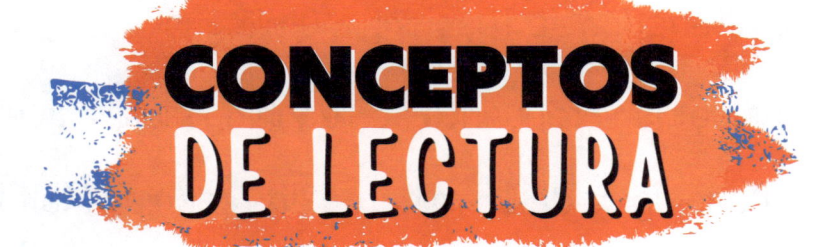

CONCEPTOS DE LECTURA

PERSONAJE: Un personaje es cualquier persona, animal o figura representada en una obra literaria.

ESCENARIO: El escenario de una historia se define como el tiempo, el lugar y la duración (el tiempo que pasa desde el principio hasta el final) de la historia.

DEFINICIÓN DE LA TRAMA: La historia tiene una secuencia de eventos. Piense en la trama como el esqueleto de la historia: define el qué, el cuándo y el dónde de la historia, permitiendo que los personajes y los temas se desarrollen en la historia.

TEMA: El tema de una historia es su mensaje principal o "gran idea".

CONCEPTOS DE FONOLOGÍA

¿QUÉ ES LA CONCIENCIA FONOLÓGICA?

La conciencia fonológica es la capacidad de reconocer y manipular los sonidos individuales en las palabras habladas. Esto incluye la habilidad de identificar y manipular los fonemas (los sonidos más pequeños del habla que pueden cambiar el significado de una palabra), así como también la capacidad de dividir las palabras en sílabas, identificar rimas y segmentar sonidos individuales dentro de una palabra. Es una habilidad fundamental para el desarrollo de la lectura y la escritura, ya que permite a los niños comprender la estructura de las palabras y manipular los sonidos para formar y entender palabras escritas.

¿QUÉ ES UN FONEMA?

Un fonema es la unidad básica de sonido en un idioma específico que puede distinguir significados entre palabras. En otras palabras, un fonema es un sonido distintivo que, cuando se cambia por otro fonema en una palabra, puede cambiar su significado. Por ejemplo, en inglés, los sonidos /b/ y /p/ son fonemas distintos porque, al cambiar uno por otro en palabras como "bat" y "pat", se obtienen palabras con significados diferentes.

SONIDO INICIAL & RIMA

En español, el concepto de onset-rime se traduce como "sonido inicial y rima". Esta estructura fonética también se refiere a la división de una sílaba en dos partes: La que corresponde a la parte inicial de la sílaba que contiene una o más consonantes, y la "rima", que abarca la vocal y cualquier consonante que la siga.

GRAFEMAS

Un grafema es la representación gráfica o escrita de un fonema, que es la unidad básica de sonido en un idioma. En otras palabras, un grafema es la letra o combinación de letras que representa un sonido específico en la escritura de un idioma.

SEGMENTACIÓN

La segmentación, en el contexto del lenguaje y la fonología, se refiere al proceso de dividir una palabra hablada en sus componentes más pequeños, como los fonemas o sílabas. Este proceso es fundamental en el desarrollo del lenguaje y la adquisición de habilidades relacionadas con la lectura y la escritura.

¿QUÉ ES UNA ORACIÓN?

Una oración es una expresión oral, coherente de palabras que comunica un pensamiento completo. Al escribirla, comienza con mayúscula y termina en punto final.

CÓMO UTILIZAR ESTE LIBRO DE TRABAJO

Este libro de trabajo está dividido en seis lecciones. Trabajarás en conceptos de alfabetización y un pilar cada semana. Cada lección diaria corresponde a habilidades de alfabetización en la primera infancia, autorregulación y cinco pilares de Lovescaping: Cuidado, Respeto, Honestidad, Confianza y Gratitud. Encontrarás debajo de cada "Pilar de la Semana" el mismo formato y actividades para trabajar con tu hijo/a. El objetivo es que tu hijo/a aprenda, reflexione y practique los pilares de Lovescaping en casa mientras aprende habilidades esenciales de alfabetización.

DEBAJO DE CADA PILAR ENCONTRARÁS:

OBJETIVOS SOCIOEMOCIONALES Y DE ALFABETIZACIÓN

Tu hijo/a desarrollará habilidades socioemocionales y de alfabetización esenciales tales como: vocabulario, conciencia fonémica, conocimiento del alfabeto, formación de letras, palabras de uso frecuente, decodificación de palabras, comprensión de lectura y habilidades de escritura.

DEFINICIÓN

Desarrollarán una comprensión más clara del concepto y pilar de la semana y crearán sus propias definiciones.

JUEGO DE ROLES

Participarán en actividades interactivas como actuar, imitar y jugar al pilar de la semana.

CANCIÓN Y VIDEO

Aprenderán una nueva canción cada semana, para practicar los conceptos y las habilidades lingüísticas mediante canciones alegres.

HABILIDADES DE CONCIENCIA FONÉMICA

Las habilidades de decodificación de tu hijo/a son esenciales para aprender a leer y escribir, como la correspondencia entre letras y sonidos, el reconocimiento del alfabeto, la formación de letras, la manipulación de sonidos, sílabas y la rima.

LECTURA REPETIDA, LIBRO DECODIFICABLE, LEER EN VOZ ALTA Y PREGUNTAS

Aprenderán habilidades de decodificación leyendo y practicando con un libro decodificable. Tu hijo/a desarrollará la comprensión lectora participando en una discusión de lectura en voz alta más discusión del texto.

EXTENSIÓN DE ESCRITURA

Crearán una oración completa usando las palabras de uso frecuente. Puedes usar oraciones de la historia o pueden crear una oración propia deletreando letra por letra en el espacio provisto.

CÍRCULO DE LOVESCAPING
(TABLA DE EMOCIONES)

¿CÓMO TE SIENTES HOY?

FELIZ	CHISTOSO	CANSADO	DUDOSA	ENOJADA
ENTUSIASMADA	SORPRENDIDA	ABURRIDA	ASUSTADO	FRUSTRADO
AMADO	CONTENTO	FASTIDIADO	NERVIOSO	AVERGONZADO
ESPERANZADO	RELAJADO	HAMBRIENTA	PREOCUPADA	TRISTE

4

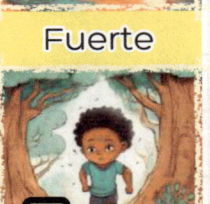

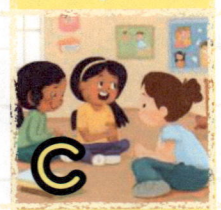

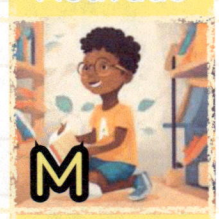

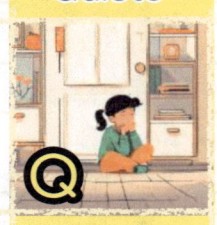

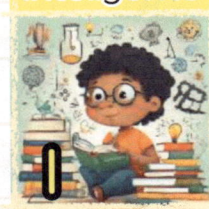

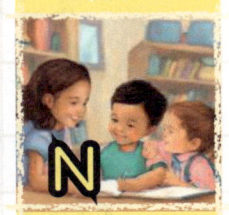

A Agradecido	**B** Bondadoso	**C** Compasivo	**D** Diferente	**E** Empático
F Fuerte	**G** Grandioso	**H** Honesto	**I** Inteligente	**J** Juguetón
K Kinder	**L** Liberado	**M** Motivado	**N** Noble	**Ñ** Pequeño
O Observador	**P** Paciente	**Q** Quieto	**R** Respetuoso	**S** Solidario
T Talentoso	**U** Único	**V** Vulnerable	**W** Wow	**X** Exitoso
Y Yo	**Z** Feliz			

Lovescaping

CARTILLA ALFABÉTICA

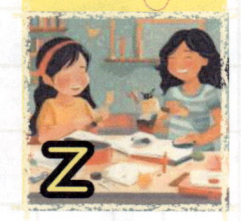

a	b	c	d	e
f	g	h	i	j
k	l	m	n	ñ
o	p	q	r	s
t	u	v	w	x
y	z			

CARTILLA **ALFABÉTICA**

PALABRAS DE USO FRECUENTE

Niños de 3 años practican palabras amarillas todos los días.
Pre-K4 y K practican palabras amarillas y verdes todos los días.
Señala con el dedo de izquierda a derecha y léela 3 veces al día.

3 años — PALABRAS AMARILLAS

a	yo	en	es
él	la	ella	no
en	mi	soy	los
de	y	las	tú
del	al	veo	son

PK-K — PALABRAS VERDES

más	si	lo	ellos
ellas	que	un	una
para	por	su	como
esta	le	muy	sin
me	ha	has	soy
cada	cuando	van	siento
fue	otros	era	nosotros

1. Conocimiento del Alfabeto

2. Relación sonido letra (Canción fonética + alfabeto)

3. Rima y ritmo

4. Omisión del primer y último sonido.

5. Sonido inicial

6. Sonido final

7. Unión y Separación de Sílabas

8. Vocabulario / Palabras de Uso Frecuente

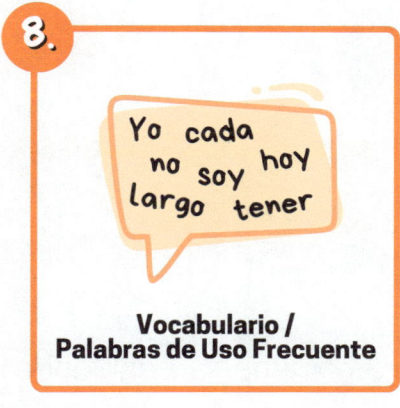

9. Definición y Formación de Oraciones

10. ¡Diviértete recitando, cantando y moviéndote!

Teaching MULTILINGUAL
ONE WORLD IN MANY LANGUAGES

RUTINA FONOLÓGICA DE 15 MINUTOS

AUTO-RREGULACIÓN

OBJETIVO DE LOVESCAPING

Tu hijo/a podrá regular sus emociones aprendiendo habilidades para calmarse.

OBJETIVO DE ALFABETIZACIÓN

Tu hijo/a podrá desarrollar lenguaje, aprenderer la correspondencia entre letras y sonidos, el conocimiento del alfabeto, la formación de letras, la escritura de oraciones y leer palabras de uso frecuente.

Tu hijo/a podrá escuchar una historia y explorar vocabulario nuevo, partes de la historia y preguntas para aumentar la comprensión de lectura.

AUTORREGULACIÓN

Lección 1 (TIEMPO: 15 MINUTOS) — DÍA 1
- CÍRCULO DE **LOVESCAPING**
  - ¿QUÉ ES LA AUTORREGULACIÓN?
  - JUEGO DE ROLES
- CARTILLA **ALFABÉTICA DE** LOVESCAPING

Lección 2 (TIEMPO: 30 MINUTOS) — DÍA 2
- CÍRCULO DE **LOVESCAPING**
  - CANCIÓN Y VIDEO
  - ¿QUÉ PODEMOS HACER PARA AUTORREGULARNOS?
- CARTILLA **ALFABÉTICA DE** LOVESCAPING

Lección 3 (TIEMPO: 15 MINUTOS) — DÍA 3
- CÍRCULO DE **LOVESCAPING**
  - CONCIENCIA FONOLÓGICA
- CARTILLA **ALFABÉTICA DE** LOVESCAPING

Lección 4 (TIEMPO: 15 MINUTOS) — DÍA 4
- CÍRCULO DE **LOVESCAPING**
  - LEER LIBRO EN VOZ ALTA Y PREGUNTAS

Lección 5 (TIEMPO: 15 MINUTOS) — DÍA 5
- LIBRO DECODIFICABLE

Lección 6 (TIEMPO: 15 MINUTOS) — DÍA 6
- CÍRCULO DE **LOVESCAPING**
  - EXTENSIÓN DE ESCRITURA
- CARTILLA **ALFABÉTICA DE** LOVESCAPING

Lección 7 (TIEMPO: 15 MINUTOS) — DÍA 7
- CÍRCULO DE **LOVESCAPING**
  - REPASO: ¿QUÉ ES LA AUTORREGULACIÓN?
- CARTILLA **ALFABÉTICA DE** LOVESCAPING

RUTINA FONOLÓGICA DE **15-MINUTOS**

CÍRCULO DE **LOVESCAPING**

¿CÓMO TE SIENTES HOY?

Lección 1
(TIEMPO: 15 MINUTOS)
DÍA 1

Lee la definición de **Autorregulación**, y consulta las actividades a continuación.

¿QUÉ ES LA AUTORREGULACIÓN?

La autorregulación significa autocontrol. Cuando controlamos nuestras emociones, nos autorregulamos.

1. Lee la definición.
2. Repite la palabra 3 veces.
3. Conocimiento previo. ¿Qué sabe tu hijo/a sobre **Autorregulación**? Forma una red. Forma una definición amigable con ejemplos y no ejemplos.
4. Deletrea la palabra en el aire o en la portada de esta lección con dos dedos.
5. Mira las imágenes a continuación y responde con tu hijo/a: ¿Cómo te sientes cuando...?

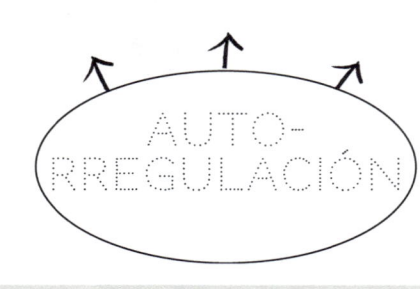

AUTO-RREGULACIÓN

JUEGO DE ROLES

La autorregulación significa comprender cómo se siente nuestro cuerpo cuando sentimos GRANDES emociones y ser capaces de controlar cómo reaccionamos.

¿Puedes recordar algún momento en el que practicaste la autorregulación y te sentiste bien con tu reacción?

¡Me autorregulo cuando bebo agua y como sano!

Me hace feliz cuando...

¡Me siento relajado cuando puedo escuchar mi música favorita!

Referirse a la **CARTILLA ALFABÉTICA** en la página 5.

TAREA DE AMOR Pregúntale a tu hijo/a: "¿Cómo te autorregularás hoy?"

CÍRCULO DE LOVESCAPING

¿CÓMO TE SIENTES HOY?

Lección 2 (TIEMPO: 30 MINUTOS) — DÍA 2

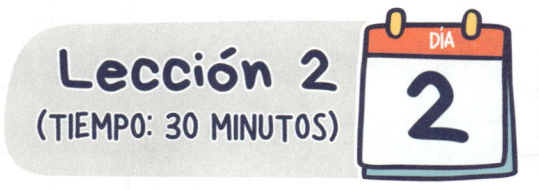

🎵 CANCIÓN

Utiliza el código QR para cantar la canción sobre Autorregulación.

Cantar es esencial para el desarrollo del lenguaje de tu hijo/a.

Autorregulación
Autorregulación
Yo puedo controlar
mis emociones.

Cuando estoy triste
me puedo alegrar
y cuando estoy molesto
¡yo puedo respirar!

Autorregulación
Autorregulación
Yo puedo controlar
mis emociones.

Sí estoy impaciente
Yo me puedo calmar
Distraigo mi mente
¡para con amor hablar!

Escanea el código QR para ver un vídeo. Utiliza la guía de comprensión y analiza con tu hijo/a lo que aprendió sobre **Autorregulación**.

¡VAMOS A VER UN VIDEO!

GUÍA DE COMPRENSIÓN

- ☐ ¿Qué puedo hacer para autorregularme?
- ☐ ¿Qué hizo el monstruo de las galletas para controlarse?
- ☐ ¿Puedes ayudar a alguien a autorregularse? ¿Cómo?

Referirse a la **CARTILLA ALFABÉTICA** en la página 5.

TAREA DE AMOR Pregúntale a tu hijo/a: "¿Cómo te autorregularás hoy?"

¿QUÉ PODEMOS HACER PARA ¿AUTORREGULARNOS?

Lección 2
(TIEMPO: 30 MINUTOS)
DÍA 2

Técnica de respiración (usando tus manos)

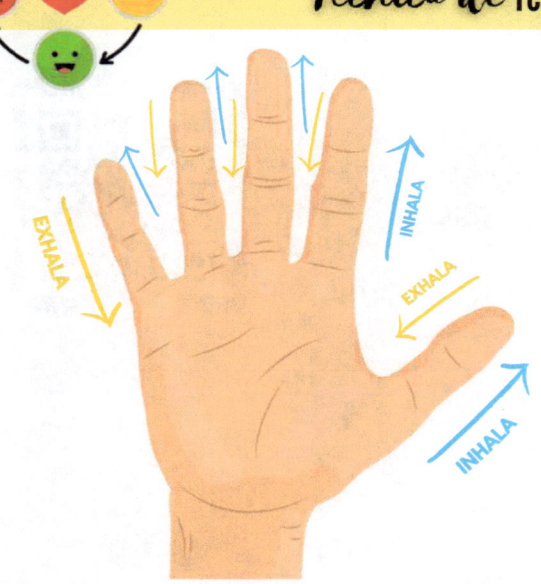

INHALA / EXHALA / INHALA / EXHALA / INHALA

inhala durante 4 segundos
1-2-3-4

1-2-3-4
mantener durante 4 segundos

1-2-3-4
mantener durante 4 segundos

exhala durante 4 segundos
4-3-2-1

Inhala y exhala trazando tus cinco dedos. Inhala por la nariz mientras trazas el dedo hacia arriba y exhala por la boca mientras trazas el dedo hacia abajo.

Inhala y exhala durante 4 segundos dibujando un cuadrado en el aire con el dedo u otras formas.

Técnica de mindfulness (usando tus sentidos)

5 cosas que puedes VER
4 cosas que puedes TOCAR
3 cosas que puedes ESCUCHAR
2 cosas que puedes OLER
1 cosa que puedes PROBAR

Esta técnica de mindfulness distrae nuestra mente al enfocarnos en las cosas que percibimos a través de nuestros sentidos y, al hacerlo, nuestros cuerpos se calman.

Técnica de golpeteo (usando tu cuerpo)

- la parte superior de la cabeza
- ceja
- lado del ojo
- debajo del ojo
- debajo de la nariz
- mentón
- golpe de karate
- clavícula
- debajo del brazo

El golpeteo es otra forma de calmar nuestro cuerpo cuando estamos estresados, enojados, ansiosos o tristes. Es tan fácil de hacer. Simplemente usa las puntas de tus dedos para tocar durante unos segundos en las áreas que se muestran en la imagen.

13

Estrategias de AUTORREGULACIÓN

Lee todas las opciones y dibuja un círculo alrededor de la imagen que muestre tu estrategia de autorregulación favorita.

- MOVERSE O ESTIRARSE
- DORMIR 
- TOMAR UN DESCANSO 
- SONREIR 
- TOMAR AGUA 
- APRETAR UNA PELOTA 
- ESCUCHAR MÚSICA 
- HACER EJERCICIO 
- CAMINAR 
- NUTRICIÓN SALUDABLE

CÍRCULO DE LOVESCAPING

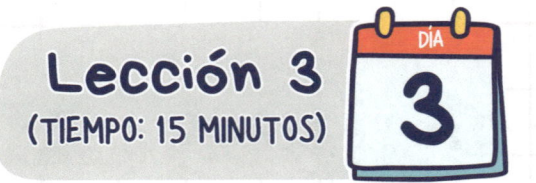

¿CÓMO TE SIENTES HOY?

Lección 3 (TIEMPO: 15 MINUTOS) — DÍA 3

CONCIENCIA FONOLÓGICA

1. ¿Cuántas sílabas hay en **AUTORREGULACIÓN**? Au-to-rre-gu-la-ción tiene 6 sílabas.
2. ¿Qué otras palabras comienzan como **AUTORREGULACIÓN**? Avión, pelota, ave.
3. ¿Con qué sonido empieza **AUTORREGULACIÓN**? Con la letra A, el sonido /a/.
4. ¿Con qué sonido termina **AUTORREGULACIÓN**? Con la letra N, el sonido /n/.
5. ¿Qué palabras riman con **AUTORREGULACIÓN**? Nación, manzana, operación.
6. ¿Qué palabras no riman con **AUTORREGULACIÓN**? Cuarto, mansión, olla.

PALABRAS DE USO FRECUENTE

3 años: Invita a tu hijo/a a que señale cada palabra y deslice el dedo de izquierda a derecha para leer las **palabras de uso frecuente** tres veces.

PK-K: ¡Lee las **palabras de uso frecuente** solo/a tres veces. Suena y mezcla los sonidos de las letras. Hazlo mas rápido cada vez.

yo   **puedo**   **me**   **cuando**

Referirse a la **CARTILLA ALFABÉTICA** en la página 5.

TAREA DE AMOR Pregúntale a tu hijo/a: "¿Cómo te autorregularás hoy?"

CÍRCULO DE **LOVESCAPING**

¿CÓMO TE SIENTES HOY?

Lección 4
(TIEMPO: 15 MINUTOS)
DÍA 4

ESCANEA AHORA PARA ACCEDER EL LIBRO:
"TENGO UN VOLCÁN"
Autor: Míriam Tirado
Ilustrado por: Joan Turu Sánchez

LEER LIBRO EN VOZ ALTA Y PREGUNTAS

Visita la página del glosario para ver las definiciones en la página 1.

Vocabulario: Antes de leer el cuento, utiliza un diccionario para definir las siguientes palabras que se encuentran en el cuento: **Volcán, enfadar, explorar, respirar.**

3 años Haz que tu hijo/a responda las primeras 3 preguntas.

PK-K Haz que tu hijo/a responda las 10 preguntas.

1. ¿Quién es el **personaje** de la historia? ¿Puedes describirlo/a?
2. ¿Dónde sucede la historia? **Escenario**
3. ¿Cuál es el **tema** o la idea central de la historia?
4. ¿Qué causaba a Alba que su volcán se encendiera?
5. ¿Qué pasaba cada vez que el volcán se encendía?
6. ¿Tú crees que Alba conocía sus emociones?
7. ¿Tú crees que Alba sabía expresar sus emociones?
8. ¿Cómo logró el Hada ayudar a Alba para entender lo que le ocurría?
9. ¿Qué hizo Alba cuando vio que el volcán de su papá se encendía?
10. ¿Qué puedes hacer tú cuando se prende tu volcán?

TAREA DE AMOR Pregúntale a tu hijo/a: *"¿Cómo te autorregularás hoy?"*

HORA DE DIBUJAR
TU PARTE FAVORITA DE LA HISTORIA.

TAREA DE AMOR Pregúntale a tu hijo/a: "¿Cómo te autorregularás hoy?"

¡Me puedo **autorregular**!

Yo me puedo controlar...

Me siento enojado o triste.

Me siento feliz...

1

Puedo sentirme seguro.

2

Me puedo autorregular.

5

y tú también!

7

y tú también!

CÍRCULO DE **LOVESCAPING**

¿CÓMO TE SIENTES HOY?

Lección 6
(TIEMPO: 15 MINUTOS)
DÍA 6

EXTENSIÓN DE ESCRITURA

3 años — Escanea el código QR, utiliza crema de afeitar en un plato y traza letras con el dedo. Luego traza las líneas a continuación:

PK-K — Escribe una frase corta sobre **Autorregulación** y haz un dibujo. Haz que tu hijo/a lea las palabras de uso frecuente en la página 6.

Referirse a la **CARTILLA ALFABÉTICA** en la página 5.

TAREA DE AMOR Pregúntale a tu hijo/a: "¿Cómo te autorregularás hoy?"

CÍRCULO DE **LOVESCAPING**

¿CÓMO TE SIENTES HOY?

Lección 7
(TIEMPO: 15 MINUTOS)

DÍA 7

REPASO: ¿QUÉ ES LA AUTORREGULACIÓN?

1. Repasa los conceptos de AUTORREGULACIÓN.

   ¿Qué es la autorregulación y cómo podemos autorregularnos?

2. Dibuja una ❌ dentro del círculo al lado de cada imagen que no muestra AUTORREGULACIÓN y una ✓ en las imágenes que muestran AUTORREGULACIÓN.

Respiro profundamente.

Duermo todas las noches.

Grito cuando estoy enojada.

Estiro y ejercito mi cuerpo.

Referirse a la **CARTILLA ALFABÉTICA** en la página 5.

TAREA DE AMOR Pregúntale a tu hijo/a: "¿Cómo te autorregularás hoy?"

AUTORREGULACIÓN

1. Conocimiento del Alfabeto

2. Relación sonido letra (Canción fonética + alfabeto)

3. Rima con AUTORREGULACIÓN

4. Omisión del primer y último sonido.

5. Sonido inicial

6. Sonido final

7. Separación de sílabas

8. Vocabulario / Palabras de Uso Frecuente

9. Definición de Oración de Autorregulación

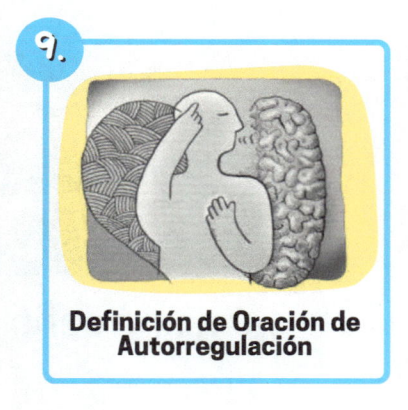

10. ¡Diviértete cantando, cantando y moviéndote!

RUTINA FONOLÓGICA DE 15 MINUTOS

CUIDADO

OBJETIVO DE LOVESCAPING

Tu hijo/a podrá definir el cuidado y aprender formas de demostrarlo.

OBJETIVO DE ALFABETIZACIÓN

Tu hijo/a podrá desarrollar lenguaje, aprenderer la correspondencia entre letras y sonidos, el conocimiento del alfabeto, la formación de letras, la escritura de oraciones y leer palabras de uso frecuente.

Tu hijo/a podrá escuchar una historia y explorar vocabulario nuevo, partes de la historia y preguntas para aumentar la comprensión de lectura.

PILAR DE LA SEMANA: CUIDADO

Lección 1 (TIEMPO: 15 MINUTOS) — DÍA 1
- CÍRCULO DE **LOVESCAPING**
  - ¿QUÉ ES EL CUIDADO?
  - JUEGO DE ROLES
- CARTILLA **ALFABÉTICA DE** LOVESCAPING

Lección 2 (TIEMPO: 15 MINUTOS) — DÍA 2
- CÍRCULO DE **LOVESCAPING**
  - CANCIÓN Y VIDEO
- CARTILLA **ALFABÉTICA DE** LOVESCAPING

Lección 3 (TIEMPO: 15 MINUTOS) — DÍA 3
- CÍRCULO DE **LOVESCAPING**
  - CONCIENCIA FONOLÓGICA
- CARTILLA **ALFABÉTICA DE** LOVESCAPING

Lección 4 (TIEMPO: 15 MINUTOS) — DÍA 4
- CÍRCULO DE **LOVESCAPING**
  - LEER LIBRO EN VOZ ALTA Y PREGUNTAS

Lección 5 (TIEMPO: 15 MINUTOS) — DÍA 5
- LIBRO DECODIFICABLE

Lección 6 (TIEMPO: 15 MINUTOS) — DÍA 6
- CÍRCULO DE **LOVESCAPING**
  - EXTENSIÓN DE ESCRITURA
- CARTILLA **ALFABÉTICA DE** LOVESCAPING

Lección 7 (TIEMPO: 15 MINUTOS) — DÍA 7
- CÍRCULO DE **LOVESCAPING**
  - REPASO: ¿QUÉ ES EL CUIDADO?
- CARTILLA **ALFABÉTICA DE** LOVESCAPING

RUTINA FONOLÓGICA DE 15-MINUTOS

CÍRCULO DE **LOVESCAPING**

¿CÓMO TE SIENTES HOY?

Lección 1
(TIEMPO: 15 MINUTOS)

DÍA 1

Lee la definición de **Cuidado**, y consulta las actividades a continuación.

¿QUÉ ES EL CUIDADO?

Muestro cuidado cuando trato a las personas con amabilidad.

- ✓ Soy generoso.
- ✓ Me baño todos los días.
- ✓ Ayudo a un amigo.

1. Lee la definición.
2. Repite la palabra 3 veces.
3. Conocimiento previo. ¿Qué sabe tu hijo/a sobre **Cuidado**? Forma una red. Forma una definición amigable con ejemplos y no ejemplos.
4. Deletrea la palabra en el aire o en la portada de esta lección con dos dedos.

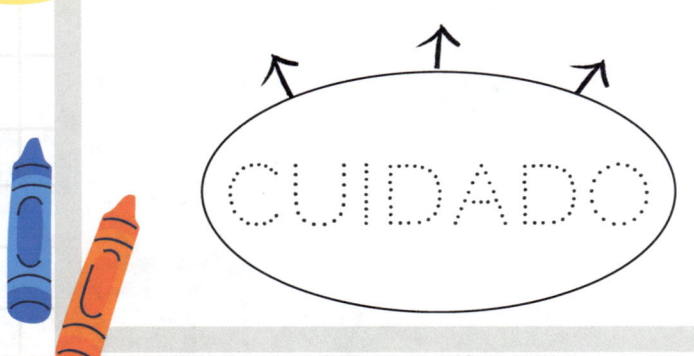

CUIDADO

JUEGO DE ROLES

Cuidar: Usando los 5 sentidos, muéstrense unos a otros cómo es cuidar. **No Cuidar:** Tienen 10 segundos para mostrarse mutuamente cómo se siente no cuidarse.

Los seres humanos aprenden mejor "haciendo" activamente y discerniendo el contraste entre conceptos. Nuestros juegos de roles son una oportunidad para aprender a través de la acción. Permita que los niños realmente participen y se diviertan en su actuación.

Cuido a mis amigos en la escuela.

Cuido cuando...

¡Cuido cuando puedo ayudar a otros también!

Referirse a la **CARTILLA ALFABÉTICA** en la página 5.

TAREA DE AMOR Pregúntale a tu hijo/a: "¿Cómo practicarás el cuidado hoy?"

CÍRCULO DE LOVESCAPING

¿CÓMO TE SIENTES HOY?

Lección 2
(TIEMPO: 15 MINUTOS)

DÍA 2

CANCIÓN
Utiliza el código QR para cantar la canción sobre Cuidado.

Cantar es esencial para el desarrollo del lenguaje de tu hijo/a.

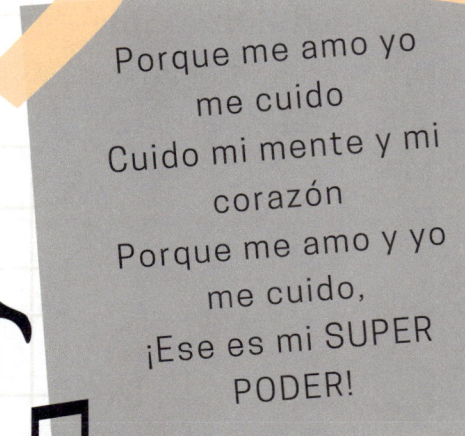

Porque me amo yo me cuido
Cuido mi mente y mi corazón
Porque me amo y yo me cuido,
¡Ese es mi SUPER PODER!

Yo siempre cuido mis sentidos
Lo que yo oigo o puedo ver
Lo que yo toco, pruebo o siento
¡Que sea siempre por mi bien!

Escanea el código QR para ver un vídeo. Utiliza la guía de comprensión y analiza con tu hijo/a lo que aprendió sobre **Cuidado**.

¡VAMOS A VER UN VIDEO!

GUÍA DE COMPRENSIÓN

☐ Cuidamos de otros cuando...

☐ ¿Cómo te sientes cuando otros cuidan de ti?

☐ ¿Qué es un ejemplo de no cuidar de otros?

Referirse a la **CARTILLA ALFABÉTICA** en la página 5.

TAREA DE AMOR Pregúntale a tu hijo/a: "¿Cómo practicarás el cuidado hoy?"

CÍRCULO DE LOVESCAPING

¿CÓMO TE SIENTES HOY?

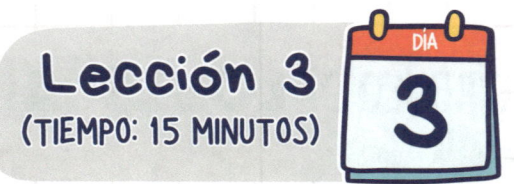

Lección 3
(TIEMPO: 15 MINUTOS)

DÍA 3

CONCIENCIA FONOLÓGICA

1. ¿Cuántas sílabas hay en **CUIDADO**? Cui-da-do tiene 3 sílabas.
2. ¿Qué otras palabras comienzan como **CUIDADO**? casa, perro, conejo
3. ¿Con qué sonido empieza **CUIDADO**? Empieza con el sonido /c/.
4. ¿Con qué sonido termina **CUIDADO**? Termina con el sonido /o/.
5. ¿Qué palabras riman con **CUIDADO**? Moto, preparado, congelado.
6. ¿Qué palabras no riman con **CUIDADO**? Helado, mesa, silla.

PALABRAS DE USO FRECUENTE

3 años
Invita a tu hijo/a a que señale cada palabra y deslice el dedo de izquierda a derecha para leer las **palabras de uso frecuente** tres veces.

PK-K
¡Lee las **palabras de uso frecuente solo/a** tres veces. Suena y mezcla los sonidos de las letras. Hazlo mas rápido cada vez.

yo   cuido   de   mi

Referirse a la **CARTILLA ALFABÉTICA** en la página 5.

TAREA DE AMOR Pregúntale a tu hijo/a: "¿Cómo practicarás el cuidado hoy?"

CÍRCULO DE **LOVESCAPING**

¿CÓMO TE SIENTES HOY?

Lección 4
(TIEMPO: 15 MINUTOS)

DÍA 4

ESCANEA AHORA PARA ACCEDER AL LIBRO: **"TE AMO Y TE CUIDO"**

LEER LIBRO EN VOZ ALTA Y PREGUNTAS

Visita la página del glosario para ver las definiciones en la página 1.

Vocabulario: Antes de leer el cuento, utiliza un diccionario para definir las siguientes palabras que se encuentran en el cuento: **Agrado, compartir, instrucciones y enojarse.**

3 años — Haz que tu hijo/a responda las primeras 3 preguntas.

PK-K — Haz que tu hijo/a responda las 9 preguntas.

1. ¿Quién es el **personaje** principal de la historia? ¿Puedes describirlo/a?
2. ¿Dónde ocurre la historia? **Escenario**
3. ¿Cuál es el **tema** o la idea central de la historia?
4. ¿Cómo nos demuestran en casa que nos cuidan?
5. ¿Qué podemos hacer por otros para mostrar que cuidamos de ellos?
6. ¿Por qué crees que la niña estaba enojada mientras estaba sentada?
7. ¿Qué no te gusta hacer de lo que te piden hacer en casa?
8. ¿Tú crees que los padres cuidaban de la niña? ¿Por qué?
9. Cuéntale a tu familia cómo te cuidas tú.

TAREA DE AMOR Pregúntale a tu hijo/a: **"¿Cómo practicarás el cuidado hoy?"**

HORA DE DIBUJAR
TU PARTE FAVORITA DE LA HISTORIA.

TAREA DE AMOR Pregúntale a tu hijo/a: "¿Cómo practicarás el cuidado hoy?"

Yo **cuido**...

Yo cuido mi **cuerpo**.

Yo cuido a **otros**.

Yo cuido mi **mente**.

1

Yo cuido mi **casa**.

2

Yo cuido a mi **familia**.

5

Yo cuido a _____.

7

Yo me **cuido**.

CÍRCULO DE LOVESCAPING

¿CÓMO TE SIENTES HOY?

Lección 6
(TIEMPO: 15 MINUTOS)

DÍA 6

EXTENSIÓN DE ESCRITURA

3 años

Escanea el código QR, utiliza crema de afeitar en un plato y traza letras con el dedo. Luego traza las líneas a continuación:

PK-K

Escribe una frase corta sobre **Cuidado** y haz un dibujo.
Haz que tu hijo/a lea las palabras de uso frecuente en la página 6.

Referirse a la **CARTILLA ALFABÉTICA** en la página 5.

TAREA DE AMOR Pregúntale a tu hijo/a: "¿Cómo practicarás el cuidado hoy?"

CÍRCULO DE **LOVESCAPING**

¿CÓMO TE SIENTES HOY?

Lección 7
(TIEMPO: 15 MINUTOS)

DÍA 7

REPASO: ¿QUÉ ES EL CUIDADO?

1. Repasa los conceptos de CUIDADO.

   ¿Qué es el cuidado y cómo mostramos cuidado por los demás?

2. Dibuja una ❌ dentro del círculo al lado de cada imagen que no muestre CUIDADO y una ✓ en las imágenes que muestren CUIDADO.

Yo cuido mis plantas.

Tiro la basura en la calle.

Yo cuido a mi amigo.

Me cepillo los dientes todos los días.

Referirse a la **CARTILLA ALFABÉTICA** en la página 5.

TAREA DE AMOR Pregúntale a tu hijo/a: "¿Cómo practicarás el cuidado hoy?"

33

PILAR DE LA SEMANA: CUIDADO

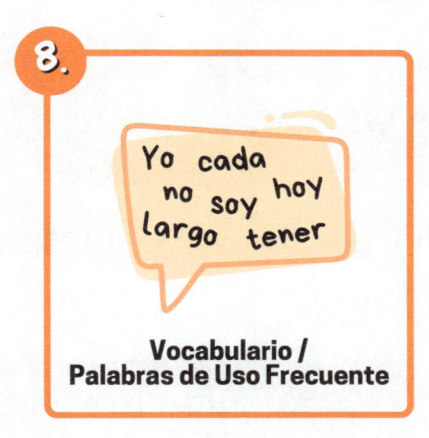

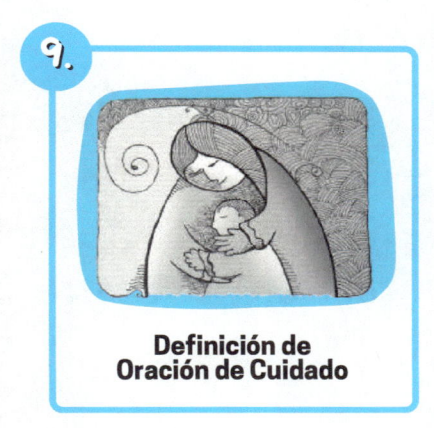

1. CARTILLA ALFABÉTICA
2. Relación sonido letra (Canción fonética + alfabeto)
3. Rima con CUIDADO
4. Omisión del primer y último sonido.
5. Sonido inicial
6. Sonido final
7. Separación de sílabas
8. Vocabulario / Palabras de Uso Frecuente
9. Definición de Oración de Cuidado
10. ¡Diviértete cantando, cantando y moviéndose!

RUTINA FONOLÓGICA DE 15 MINUTOS

RESPETO

OBJETIVO DE LOVESCAPING

Tu hijo/a podrá definir y aprender a respetarse a sí mismo, a los demás y a nuestro entorno.

OBJETIVO DE ALFABETIZACIÓN

Tu hijo/a podrá desarrollar lenguaje, aprenderer la correspondencia entre letras y sonidos, el conocimiento del alfabeto, la formación de letras, la escritura de oraciones y leer palabras de uso frecuente.

Tu hijo/a podrá escuchar una historia y explorar vocabulario nuevo, partes de la historia y preguntas para aumentar la comprensión de lectura.

PILAR DE LA SEMANA: RESPETO

Lección 1 (TIEMPO: 15 MINUTOS) — DÍA 1
- CÍRCULO DE **LOVESCAPING**
- ¿QUÉ ES EL RESPETO? | JUEGO DE ROLES
- CARTILLA **ALFABÉTICA DE** LOVESCAPING

Lección 2 (TIEMPO: 15 MINUTOS) — DÍA 2
- CÍRCULO DE **LOVESCAPING**
- CANCIÓN Y VIDEO
- CARTILLA **ALFABÉTICA DE** LOVESCAPING

Lección 3 (TIEMPO: 15 MINUTOS) — DÍA 3
- CÍRCULO DE **LOVESCAPING**
- CONCIENCIA FONOLÓGICA
- CARTILLA **ALFABÉTICA DE** LOVESCAPING

Lección 4 (TIEMPO: 15 MINUTOS) — DÍA 4
- CÍRCULO DE **LOVESCAPING**
- LEER LIBRO EN VOZ ALTA Y PREGUNTAS

Lección 5 (TIEMPO: 15 MINUTOS) — DÍA 5
- LIBRO DECODIFICABLE

Lección 6 (TIEMPO: 15 MINUTOS) — DÍA 6
- CÍRCULO DE **LOVESCAPING**
- EXTENSIÓN DE ESCRITURA
- CARTILLA **ALFABÉTICA DE** LOVESCAPING

Lección 7 (TIEMPO: 15 MINUTOS) — DÍA 7
- CÍRCULO DE **LOVESCAPING**
- REPASO: ¿QUÉ ES EL RESPETO?
- CARTILLA **ALFABÉTICA DE** LOVESCAPING

RUTINA FONOLÓGICA DE 15-MINUTOS

CÍRCULO DE **LOVESCAPING**

¿CÓMO TE SIENTES HOY?

Lección 1
(TIEMPO: 15 MINUTOS)

DÍA 1

Lee la definición de **Respeto**, y consulta las actividades a continuación.

¿QUÉ ES EL RESPETO?

Muestro respeto cuando trato a las personas como quiero que me traten a mí.

- ✓ Me respeto a mí mismo.
- ✓ Respeto a los demás.
- ✓ Respeto nuestro medio ambiente.

1. Lee la definición.
2. Repite la palabra 3 veces.
3. Conocimiento previo. ¿Qué sabe tu hijo/a sobre **Respeto**? Forma una red. Forma una definición amigable con ejemplos y no ejemplos.
4. Deletrea la palabra en el aire o en la portada de esta lección con dos dedos.

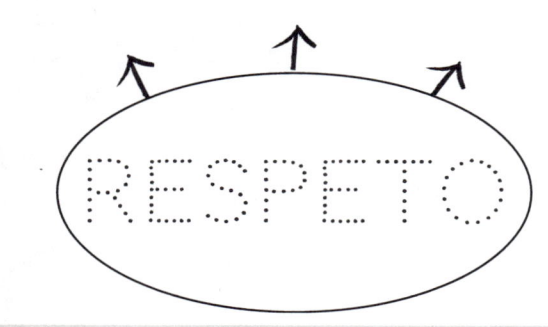

RESPETO

JUEGO DE ROLES

Muestro respeto cuando trato a las personas como quiero que me traten a mí. ¿Cómo muestran respeto estas personas en las imágenes? ¿Puedes hacer una de estas acciones ahora mismo?

Muestro respeto en casa ayudando con las tareas del hogar.

Respeto las diferentes culturas de mis amigos.

Muestro respeto a nuestro medio ambiente manteniéndolo limpio.

Referirse a la **CARTILLA ALFABÉTICA** en la página 5.

TAREA DE AMOR Pregúntale a tu hijo/a: "¿Cómo practicarás el respeto hoy?"

CÍRCULO DE LOVESCAPING

¿CÓMO TE SIENTES HOY?

Lección 2
(TIEMPO: 15 MINUTOS)

DÍA 2

🎵 CANCIÓN
Utiliza el código QR para cantar la canción sobre Respeto.

Cantar es esencial para el desarrollo del lenguaje de tu hijo/a.

Cuando hay respeto
Veo a las personas
Cuando me hablan
Digo por favor y muchas gracias al dialogar.
No interrumpo a otros
Cuando juegan o hablan y espero mi turno.
Oigo con atención
lo que ellos comparten
Y así respeto.

Respeto
Respeto
¡Es como hago yo la paz!
Respeto
Respeto
¡Un mundo feliz he de crear!

Escanea el código QR para ver un vídeo. Utiliza la guía de comprensión y analiza con tu hijo/a lo que aprendió sobre **Respeto**.

¡VAMOS A VER UN VIDEO!

GUÍA DE COMPRENSIÓN

☐ Respetamos a los demás cuando…

☐ ¿Cómo te sientes cuando alguien te respeta?

☐ ¿Qué es un ejemplo de no respetar a alguien?

Referirse a la **CARTILLA ALFABÉTICA** en la página 5.

TAREA DE AMOR Pregúntale a tu hijo/a: "¿Cómo practicarás el respeto hoy?"

CÍRCULO DE **LOVESCAPING**

¿CÓMO TE SIENTES HOY?

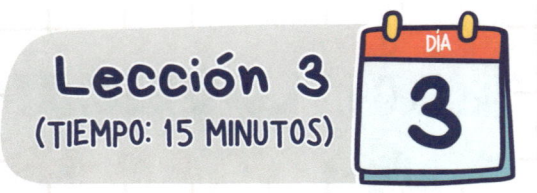

Lección 3
(TIEMPO: 15 MINUTOS)

DÍA 3

CONCIENCIA FONOLÓGICA

1. ¿Cuántas sílabas hay en **RESPETO**? Res-pe-to tiene 3 sílabas.
2. ¿Qué otras palabras comienzan como **RESPETO**? rojo, llave, rosa
3. ¿Con qué sonido empieza **RESPETO**? Empieza con el sonido /r/.
4. ¿Con qué sonido termina **RESPETO**? Termina con el sonido /o/.
   ¿Oyes la O al final de la palabra?
5. ¿Qué palabras riman con **RESPETO**? Correcto, lápiz, perfecto.
6. ¿Qué palabras no riman con **RESPETO**? Azul, insecto, calle.

PALABRAS DE USO FRECUENTE

3 años
Invita a tu hijo/a a que señale cada palabra y deslice el dedo de izquierda a derecha para leer las **palabras de uso frecuente** tres veces.

PK-K
Lee las **palabras de uso frecuente solo/a** tres veces. Suena y mezcla los sonidos de las letras. Hazlo mas rápido cada vez.

tú   por   siento   cuando

Referirse a la **CARTILLA ALFABÉTICA** en la página 5.

TAREA DE AMOR Pregúntale a tu hijo/a: "¿Cómo practicarás el respeto hoy?"

CÍRCULO DE **LOVESCAPING**

¿CÓMO TE SIENTES HOY?

Lección 4
(TIEMPO: 15 MINUTOS)
DÍA 4

ESCANEA AHORA PARA ACCEDER AL LIBRO:
"LAS CONEJITAS QUE NO SABÍAN RESPETAR"

LEER LIBRO EN VOZ ALTA Y PREGUNTAS

Visita la página del glosario para ver las definiciones en la página 1.

Vocabulario: Antes de leer el cuento, utiliza un diccionario para definir las siguientes palabras que se encuentran en el cuento: **Disculpa, decisión, reacción, respetar, huellas.**

3 años — Haz que tu hijo/a responda las primeras 3 preguntas.

PK-K — Haz que tu hijo/a responda las 11 preguntas.

1. ¿Quién es el **personaje** de la historia? ¿Puedes describirlo/a?
2. ¿Dónde sucede la historia? **Escenario**
3. ¿Cuál es el **tema** o la idea central de la historia?
4. ¿Cómo trataba Serapio a los otros animales?
5. ¿Cómo se comportaron las nietas de Serapio?
6. ¿Cómo trataban Séfora y Serafina a los otros animales?
7. ¿Qué juego les propuso el abuelo a las conejitas?
8. ¿Qué les pidió el abuelo a las nietas?
9. ¿Tú crees que después de pedir disculpas a los animales todavía tuvieron dolor en su corazón?
10. ¿Qué aprendieron las conejitas al final de la historia?
11. ¿Cómo puedes tú tratar a los demás?

TAREA DE AMOR Pregúntale a tu hijo/a: "¿Cómo practicarás el respeto hoy?"

HORA DE DIBUJAR
TU PARTE FAVORITA DE LA HISTORIA.

TAREA DE AMOR Pregúntale a tu hijo/a: "¿Cómo practicarás el respeto hoy?"

Yo **respeto**...

te amas.

6

Yo siento **respeto**...

cuando hay límites.

3
4

1 Yo siento **respeto** cuando...

tú me cuidas.

2

3 El respeto es la paz!

5 Cuando te cuidas...

CÍRCULO DE LOVESCAPING

¿CÓMO TE SIENTES HOY?

Lección 6
(TIEMPO: 15 MINUTOS)

DÍA 6

EXTENSIÓN DE ESCRITURA

3 años
Escanea el código QR, utiliza crema de afeitar en un plato y traza letras con el dedo. Luego traza las líneas a continuación:

PK-K
Escribe una frase corta sobre **Respeto** y haz un dibujo. Haz que tu hijo/a lea las palabras de uso frecuente en la página 6.

Referirse a la **CARTILLA ALFABÉTICA** en la página 5.

TAREA DE AMOR Pregúntale a tu hijo/a: "¿Cómo practicarás el respeto hoy?"

CÍRCULO DE **LOVESCAPING**

¿CÓMO TE SIENTES HOY?

Lección 7
(TIEMPO: 15 MINUTOS)
DÍA 7

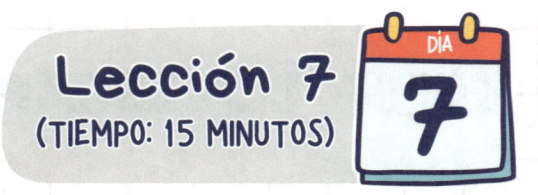

REPASO: ¿QUÉ ES EL RESPETO?

1. Repasa los conceptos de RESPETO.

| Respetamos a los demás cuando: | ¿Cómo te gustaría que te trataran? | Un ejemplo de mostrar respeto es: |

2. Dibuja una ⊗ dentro del círculo al lado de cada imagen que no muestra RESPETO y una ✓ en las imágenes que muestran RESPETO.

Yo escucho a mis amigos.

Me peleo con mi compañero de clase.

Yo cuido a mis mascotas.

Espero mi turno para hablar.

Referirse a la **CARTILLA ALFABÉTICA** en la página 5.

TAREA DE AMOR Pregúntale a tu hijo/a: "¿Cómo practicarás el respeto hoy?"

45

PILAR DE LA SEMANA: RESPETO

1. CARTILLA ALFABÉTICA

2. Relación sonido letra (Canción fonética + alfabeto)

3. Rima con RESPETO

4. Omisión del primer y último sonido.

5. Sonido inicial

6. Sonido final

7. Separación de sílabas

8. Vocabulario / Palabras de Uso Frecuente

Yo cada no soy hoy largo tener

9. Definición de Oración de Respeto

10. ¡Diviértete cantando, cantando y moviéndose!

RUTINA FONOLÓGICA DE 15 MINUTOS

HONESTIDAD

OBJETIVO DE LOVESCAPING

Tu hijo/a podrá definir la honestidad, decir la verdad a los demás y mostrar lo valiente que somos con nuestras acciones y palabras honestas.

OBJETIVO DE ALFABETIZACIÓN

Tu hijo/a podrá desarrollar lenguaje, aprenderer la correspondencia entre letras y sonidos, el conocimiento del alfabeto, la formación de letras, la escritura de oraciones y leer palabras de uso frecuente.

Tu hijo/a podrá escuchar una historia y explorar vocabulario nuevo, partes de la historia y preguntas para aumentar la comprensión de lectura.

PILAR DE LA SEMANA: HONESTIDAD

Lección 1 (TIEMPO: 15 MINUTOS) — DÍA 1
- CÍRCULO DE **LOVESCAPING**
  - ¿QUÉ ES LA HONESTIDAD?
  - JUEGO DE ROLES
- CARTILLA **ALFABÉTICA DE** LOVESCAPING

Lección 2 (TIEMPO: 15 MINUTOS) — DÍA 2
- CÍRCULO DE **LOVESCAPING**
  - CANCIÓN Y VIDEO
- CARTILLA **ALFABÉTICA DE** LOVESCAPING

Lección 3 (TIEMPO: 15 MINUTOS) — DÍA 3
- CÍRCULO DE **LOVESCAPING**
  - CONCIENCIA FONOLÓGICA
- CARTILLA **ALFABÉTICA DE** LOVESCAPING

Lección 4 (TIEMPO: 15 MINUTOS) — DÍA 4
- CÍRCULO DE **LOVESCAPING**
  - LEER LIBRO EN VOZ ALTA Y PREGUNTAS

Lección 5 (TIEMPO: 15 MINUTOS) — DÍA 5
- LIBRO DECODIFICABLE

Lección 6 (TIEMPO: 15 MINUTOS) — DÍA 6
- CÍRCULO DE **LOVESCAPING**
  - EXTENSIÓN DE ESCRITURA
- CARTILLA **ALFABÉTICA DE** LOVESCAPING

Lección 7 (TIEMPO: 15 MINUTOS) — DÍA 7
- CÍRCULO DE **LOVESCAPING**
  - REPASO: ¿QUÉ ES LA HONESTIDAD?
- CARTILLA **ALFABÉTICA DE** LOVESCAPING

RUTINA FONOLÓGICA DE 15-MINUTOS

CÍRCULO DE LOVESCAPING

¿CÓMO TE SIENTES HOY?

Lección 1
(TIEMPO: 15 MINUTOS)

DÍA 1

Lee la definición de **Honestidad**, y consulta las actividades a continuación.

¿QUÉ ES LA HONESTIDAD?

Ser honesto significa decir la verdad. Cuando eres honesto con los demás, ellos pueden confiar en ti, creando conexiones fuertes y sólidas.

- ✓ Soy honesto conmigo mismo.
- ✓ Soy honesto con los demás.
- ✓ Soy honesto con mis palabras y acciones.

1. Lee la definición.
2. Repite la palabra 3 veces.
3. Conocimiento previo. ¿Qué sabe tu hijo/a sobre **Honestidad**? Forma una red. Forma una definición amigable con ejemplos y no ejemplos.
4. Deletrea la palabra en el aire o en la portada de esta lección con dos dedos.

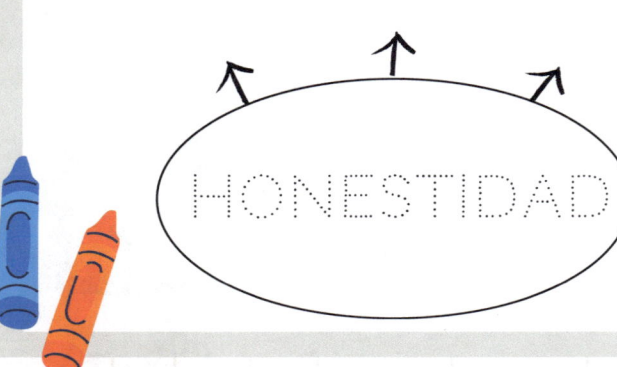

HONESTIDAD

JUEGO DE ROLES

Muestro honestidad cuando digo la verdad. Da ejemplos desde tu propia perspectiva: Me gusta cuando los demás son honestos. Me gusta cuando la gente admite que ha cometido un error, me gusta cuando la gente es sincera, me gusta cuando mis hijos me dicen la verdad.

Soy honesto con mis padres acerca de mi tarea.

Soy honesto cuando...

¡Soy honesto cuando digo la verdad a los demás!

Referirse a la **CARTILLA ALFABÉTICA** en la página 5.

TAREA DE AMOR Pregúntale a tu hijo/a: "¿Cómo practicarás la honestidad hoy?"

49

CÍRCULO DE LOVESCAPING

¿CÓMO TE SIENTES HOY?

Lección 2
(TIEMPO: 15 MINUTOS)
DÍA 2

CANCIÓN
Utiliza el código QR para cantar la canción sobre Honestidad.

Cantar es esencial para el desarrollo del lenguaje de tu hijo/a.

La honestidad es integridad.
Hacer lo correcto cuando no estén viendo.
La honestidad es sinceridad.
¡Decir la verdad con amabilidad!

Si algo sale mal, digo la verdad.
Si haces un error, ¡Nunca mentirás!

Si algo sale mal, digo la verdad.
Si haces un error, ¡Nunca mentirás!

Escanea el código QR para ver un vídeo. Utiliza la guía de comprensión y analiza con tu hijo/a lo que aprendió sobre **Honestidad**.

¡VAMOS A VER UN VIDEO!

GUÍA DE COMPRENSIÓN

☐ Somos honestos con los demás cuando...

☐ ¿Cómo te sientes cuando alguien es honesto contigo?

☐ ¿Qué es un ejemplo de no ser honesto con alguien?

Referirse a la **CARTILLA ALFABÉTICA** en la página 5.

TAREA DE AMOR Pregúntale a tu hijo/a: "¿Cómo practicarás la honestidad hoy?"

CÍRCULO DE LOVESCAPING

¿CÓMO TE SIENTES HOY?

Lección 3
(TIEMPO: 15 MINUTOS)

DÍA 3

CONCIENCIA FONOLÓGICA

1. ¿Cuántas sílabas hay en **HONESTIDAD**? Ho-nes-ti-dad tiene 4 sílabas.
2. ¿Qué otras palabras comienzan como **HONESTIDAD**? Hilo, hoja, lata
3. ¿Con qué sonido empieza **HONESTIDAD**? Con el sonido /o/ y la H es muda.
4. ¿Con qué sonido termina **HONESTIDAD**? Con el sonido /d/ ¿Puedes oírlo?
5. ¿Qué palabras riman con **HONESTIDAD**? Felicidad, viejo, bondad.
6. ¿Qué palabras no riman con **HONESTIDAD**? Ojo, integridad, año.

PALABRAS DE USO FRECUENTE

3 años: Invita a tu hijo/a a que señale cada palabra y deslice el dedo de izquierda a derecha para leer las **palabras de uso frecuente** tres veces.

PK-K: Lee las **palabras de uso frecuente solo/a** tres veces. Suena y mezcla los sonidos de las letras. Hazlo mas rápido cada vez.

sé   ser   es   lo/la

Referirse a la **CARTILLA ALFABÉTICA** en la página 5.

TAREA DE AMOR Pregúntale a tu hijo/a: "¿Cómo practicarás la honestidad hoy?"

51

CÍRCULO DE **LOVESCAPING**

¿CÓMO TE SIENTES HOY?

Lección 4
(TIEMPO: 15 MINUTOS)
DÍA 4

ESCANEA AHORA PARA ACCEDER AL LIBRO:
"MONEDA DE ORO"

LEER LIBRO EN VOZ ALTA Y PREGUNTAS

Visita la página del glosario para ver las definiciones en la página 1.

Vocabulario: Antes de leer el cuento, utiliza un diccionario para definir las siguientes palabras que se encuentran en el cuento: **Carta, enemigo, mensaje**.

3 años — Haz que tu hijo/a responda las primeras 3 preguntas.

PK-K — Haz que tu hijo/a responda las 10 preguntas.

1. ¿Quién es el **personaje** de la historia? ¿Puedes describirlo/a?
2. ¿Dónde sucede la historia? **Escenario**
3. ¿Cuál es el **tema** o la idea central de la historia?
4. ¿Tú crees que otros pueden hacerte deshonesto?
5. ¿Por qué crees que Samuel fue obediente?
6. ¿Cómo demostró honestidad Samuel?
7. ¿Por qué confió el anciano en Samuel?
8. ¿Por qué es bueno ser honesto?
9. ¿Cumplió su promesa Samuel?
10. ¿Qué premio recibió por ser honesto?

TAREA DE AMOR Pregúntale a tu hijo/a: "¿Cómo practicarás la honestidad hoy?"

HORA DE DIBUJAR
TU PARTE FAVORITA DE LA HISTORIA.

TAREA DE AMOR Pregúntale a tu hijo/a: "¿Cómo practicarás la honestidad hoy?"

¡Puedo ser **honesto**!

¡Ser **honesto** es lo mejor!

Decir la **verdad**...

es ser **honesto**.

1

Yo puedo ser **honesto**.

2

¡Ellos pueden ser **honestos** también!

5

Puedes decir lo siento.

7

¡Viva la **honestidad**!

CÍRCULO DE LOVESCAPING

¿CÓMO TE SIENTES HOY?

Lección 6
(TIEMPO: 15 MINUTOS)
DÍA 6

EXTENSIÓN DE ESCRITURA

3 años
Escanea el código QR, utiliza crema de afeitar en un plato y traza letras con el dedo. Luego traza las líneas a continuación:

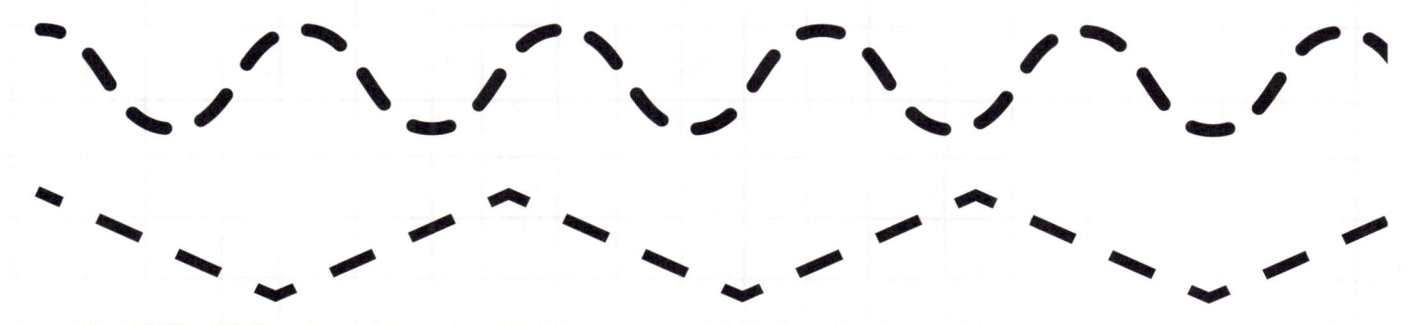

PK-K
Escribe una frase corta sobre **Honestidad** y haz un dibujo. Haz que tu hijo/a lea las palabras de uso frecuente en la página 6.

Referirse a la **CARTILLA ALFABÉTICA** en la página 5.

TAREA DE AMOR Pregúntale a tu hijo/a: "¿Cómo practicarás la honestidad hoy?"

CÍRCULO DE **LOVESCAPING**

¿CÓMO TE SIENTES HOY?

Lección 7
(TIEMPO: 15 MINUTOS)

DÍA 7

REPASO: ¿QUÉ ES LA HONESTIDAD?

1. Repasa los conceptos de HONESTIDAD.

| Somos honestos cuando: | ¿Puedes decir la verdad? | Señala las imágenes que muestran honestidad: |

2. Dibuja una ❌ dentro del círculo al lado de cada imagen que no muestra HONESTIDAD y una ✓ en las imágenes que muestran HONESTIDAD.

Tomo juguetes sin preguntar.

Soy honesto acerca de mis errores.

Le digo a mi amigo la verdad.

Soy honesto con mis palabras y acciones.

Referirse a la **CARTILLA Alfabética** en la página 5.

TAREA DE AMOR Pregúntale a tu hijo/a: "¿Cómo practicarás la honestidad hoy?"

PILAR DE LA SEMANA: HONESTIDAD

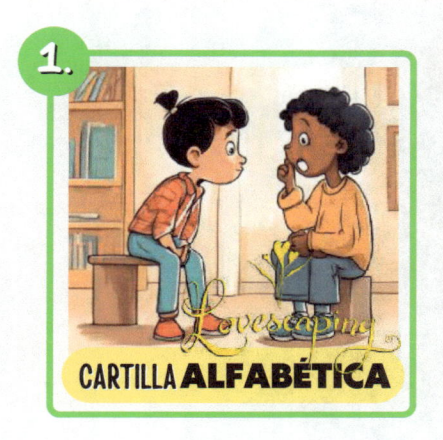

1. CARTILLA ALFABÉTICA

2. Relación sonido letra (Canción fonética + alfabeto)

3. Rima con HONESTIDAD

4. Omisión del primer y último sonido.

5. Sonido inicial

6. Sonido final

7. Separación de sílabas

8. Vocabulario / Palabras de Uso Frecuente

9. Definición de Oración de Honestidad

10. ¡Diviértete cantando, cantando y moviéndose!

RUTINA FONOLÓGICA DE 15 MINUTOS

58

CONFIANZA

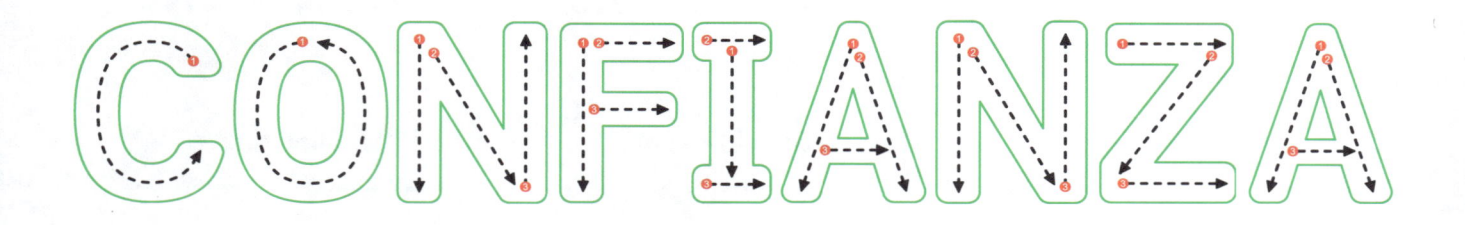

OBJETIVO DE LOVESCAPING

Tu hijo/a podrá definir y aprender a confiar en los demás y a ser confiable.

OBJETIVO DE ALFABETIZACIÓN

Tu hijo/a podrá desarrollar lenguaje, aprenderer la correspondencia entre letras y sonidos, el conocimiento del alfabeto, la formación de letras, la escritura de oraciones y leer palabras de uso frecuente.

Tu hijo/a podrá escuchar una historia y explorar vocabulario nuevo, partes de la historia y preguntas para aumentar la comprensión de lectura.

PILAR DE LA SEMANA: CONFIANZA

Lección 1
(TIEMPO: 15 MINUTOS)
DÍA 1
CÍRCULO DE **LOVESCAPING**
¿QUÉ ES LA CONFIANZA? — JUEGO DE ROLES
CARTILLA **ALFABÉTICA DE** LOVESCAPING

Lección 2
(TIEMPO: 15 MINUTOS)
DÍA 2
CÍRCULO DE **LOVESCAPING**
CANCIÓN Y VIDEO
CARTILLA **ALFABÉTICA DE** LOVESCAPING

Lección 3
(TIEMPO: 15 MINUTOS)
DÍA 3
CÍRCULO DE **LOVESCAPING**
CONCIENCIA FONOLÓGICA
CARTILLA **ALFABÉTICA DE** LOVESCAPING

Lección 4
(TIEMPO: 15 MINUTOS)
DÍA 4
CÍRCULO DE **LOVESCAPING**
LEER LIBRO EN VOZ ALTA Y PREGUNTAS

Lección 5
(TIEMPO: 15 MINUTOS)
DÍA 5
LIBRO DECODIFICABLE

Lección 6
(TIEMPO: 15 MINUTOS)
DÍA 6
CÍRCULO DE **LOVESCAPING**
EXTENSIÓN DE ESCRITURA
CARTILLA **ALFABÉTICA DE** LOVESCAPING

Lección 7
(TIEMPO: 15 MINUTOS)
DÍA 7
CÍRCULO DE **LOVESCAPING**
REPASO: ¿QUÉ ES LA CONFIANZA?
CARTILLA **ALFABÉTICA DE** LOVESCAPING

RUTINA FONOLÓGICA DE **15-MINUTOS**

CÍRCULO DE **LOVESCAPING**

¿CÓMO TE SIENTES HOY?

Lección 1
(TIEMPO: 15 MINUTOS)

DÍA 1

Lee la definición de **Confianza**, y consulta las actividades a continuación.

¿QUÉ ES LA CONFIANZA?

Muestro confianza cuando soy honesto, responsable y confiable.

- ✓ Soy confiable.
- ✓ Puedo confiar en los demás.
- ✓ Soy honesto con mis palabras y acciones.

1. Lee la definición.
2. Repite la palabra 3 veces.
3. Conocimiento previo. ¿Qué sabe tu hijo/a sobre **Confianza**? Forma una red. Forma una definición amigable con ejemplos y no ejemplos.
4. Deletrea la palabra en el aire o en la portada de esta lección con dos dedos.

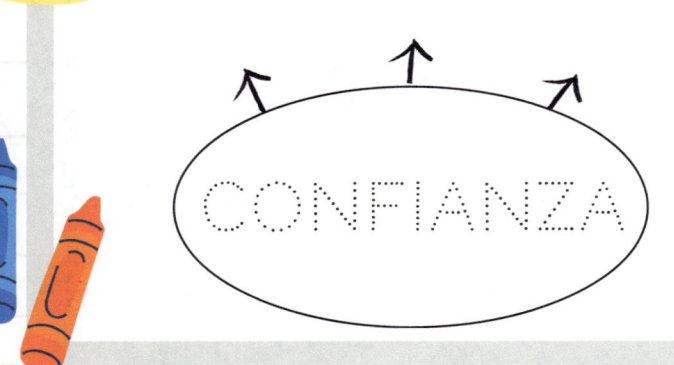

CONFIANZA

JUEGO DE ROLES

La confianza se basa en la honestidad, el cuidado y el respeto. Cuando alguien constantemente te apoya, es sincero/a y respeta tus necesidades, se establece la confianza.

Las personas en las que podemos confiar dicen la verdad, se preocupan por los demás y tratan a todos con respeto. Esto nos hace sentir seguros y felices en nuestras relaciones. Ya sea nuestra familia, maestro o amigo, la confianza crece cuando cumplen sus promesas y nos hablan honestamente.

¡Soy confiable cuando cumplo mis promesas!

Soy honesto con mis acciones cuando...

Puedo confiar en los demás cuando...

Referirse a la **CARTILLA ALFABÉTICA** en la página 5.

TAREA DE AMOR Pregúntale a tu hijo/a: "¿Cómo practicarás la confianza hoy?"

CÍRCULO DE LOVESCAPING

¿CÓMO TE SIENTES HOY?

Lección 2
(TIEMPO: 15 MINUTOS)
DÍA 2

CANCIÓN

Utiliza el código QR para cantar la canción sobre Confianza.

Cantar es esencial para el desarrollo del lenguaje de tu hijo/a.

Confianza
Confianza
Es cuando crees en otro.

Confianza
Confianza
Es ser honesto y leal

El ser vulnerable
abre el corazón de otros.
Te sientes seguro
¡En amor y verdad!

Escanea el código QR para ver un vídeo. Utiliza la guía de comprensión y analiza con tu hijo/a lo que aprendió sobre **Confianza**.

¡VAMOS A VER UN VIDEO!

GUÍA DE COMPRENSIÓN

- [ ] Confiamos en los demás cuando…
- [ ] ¿Cómo te sientes cuando alguien confía en ti?
- [ ] ¿Qué es un ejemplo de no ser confiable?

Referirse a la **CARTILLA ALFABÉTICA** en la página 5.

TAREA DE AMOR Pregúntale a tu hijo/a: "¿Cómo practicarás la confianza hoy?"

CÍRCULO DE **LOVESCAPING**

¿CÓMO TE SIENTES HOY?

Lección 3
(TIEMPO: 15 MINUTOS)

DÍA 3

CONCIENCIA FONOLÓGICA

1. ¿Cuántas sílabas hay en **CONFIANZA**? Con-fian-za tiene 3 sílabas.
2. ¿Qué otras palabras comienzan como **CONFIANZA**? conejo, ojo, carro
3. ¿Con qué sonido empieza **CONFIANZA**? Con el sonido /c/.
4. ¿Con qué sonido termina **CONFIANZA**? Termina con el sonido /a/.
5. ¿Qué palabras riman con **CONFIANZA**? Esperanza, flor, danza.
6. ¿Qué palabras no riman con **CONFIANZA**? Panza, árbol, mochila.

PALABRAS DE USO FRECUENTE

3 años
Invita a tu hijo/a a que señale cada palabra y deslice el dedo de izquierda a derecha para leer las **palabras de uso frecuente** tres veces.

PK-K
¡Lee las **palabras de uso frecuente** solo/a tres veces. Suena y mezcla los sonidos de las letras. Hazlo mas rápido cada vez.

tú   nuestro   mi   él/ella

Referirse a la **CARTILLA ALFABÉTICA** en la página 5.

TAREA DE AMOR Pregúntale a tu hijo/a: "¿Cómo practicarás la confianza hoy?"

CÍRCULO DE **LOVESCAPING**

¿CÓMO TE SIENTES HOY?

Lección 4 (TIEMPO: 15 MINUTOS) — DÍA 4

ESCANEA AHORA PARA ACCEDER AL LIBRO: **"EL LEÓN Y EL RATÓN"**

LEER LIBRO EN VOZ ALTA Y PREGUNTAS

Visita la página del glosario para ver las definiciones en la página 1.

Vocabulario: Antes de leer el cuento, utiliza un diccionario para definir las siguientes palabras que se encuentran en el cuento: **Trampa, miedo**.

3 años — Haz que tu hijo/a responda las primeras 3 preguntas.

PK-K — Haz que tu hijo/a responda las 10 preguntas.

1. ¿Quién estaba asustado y por qué? El **personaje**.
2. ¿Dónde ocurrió la historia? **Escenario**.
3. ¿Cuál fue el **tema** que aprendimos de esta historia?
4. ¿Qué estaba probando el ratón al subirse al lomo del león?
5. ¿Tú crees que el ratón vivía con miedo? ¿Por qué?
6. ¿Tú crees que el león confió en el ratón para ayudarlo?
7. ¿Qué aprendiste del ratón?
8. ¿Qué le ocurrió al león?
9. ¿Quién salvó al león y cómo?
10. ¿Cómo se sintió el león al final de esta historia?

TAREA DE AMOR Pregúntale a tu hijo/a: "¿Cómo practicarás la confianza hoy?"

HORA DE DIBUJAR
TU PARTE FAVORITA DE LA HISTORIA.

TAREA DE AMOR Pregúntale a tu hijo/a: "¿Cómo practicarás la confianza hoy?"

6

en mis amigos.

Yo **confío** en otros y en mí.

4

y tú **confías** en mí.

Ella **confía** en mí...

3

1 Yo **confío** en mí. ¡Soy bueno!

¿En quién **confías?** **2**

7 ¡**Confiar** es amar!

5 Yo quiero **confiar**...

CÍRCULO DE **LOVESCAPING**

¿CÓMO TE SIENTES HOY?

Lección 6
(TIEMPO: 15 MINUTOS)
DÍA 6

EXTENSIÓN DE ESCRITURA

3 años
Escanea el código QR, lee la receta para hacer plastilina y traza letras con el dedo. Luego traza las líneas a continuación:

PK-K
Escribe una frase corta sobre **Confianza** y haz un dibujo.
Haz que tu hijo/a lea las palabras de uso frecuente en la página 6.

Referirse a la **CARTILLA ALFABÉTICA** en la página 5.

TAREA DE AMOR Pregúntale a tu hijo/a: "¿Cómo practicarás la confianza hoy?"

CÍRCULO DE **LOVESCAPING**

¿CÓMO TE SIENTES HOY?

Lección 7
(TIEMPO: 15 MINUTOS)

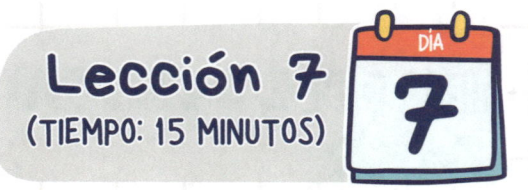

DÍA 7

REPASO: ¿QUÉ ES LA CONFIANZA?

1. Repasa los conceptos de CONFIANZA.

Confiamos en los demás cuando:	¿Cómo eres confiable?	Un ejemplo de mostrar confianza es:

2. Dibuja una ❌ dentro del círculo al lado de cada imagen que no muestre CONFIANZA y una ✔ en las imágenes que muestren CONFIANZA.

Yo confío en mi maestra.

Soy un amigo confiable.

Yo les miento a mis amigos.

Yo comparto mis juguetes con mis amigos.

Referirse a la **CARTILLA ALFABÉTICA** en la página 5.

TAREA DE AMOR Pregúntale a tu hijo/a: "¿Cómo practicarás la confianza hoy?"

69

PILAR DE LA SEMANA: CONFIANZA

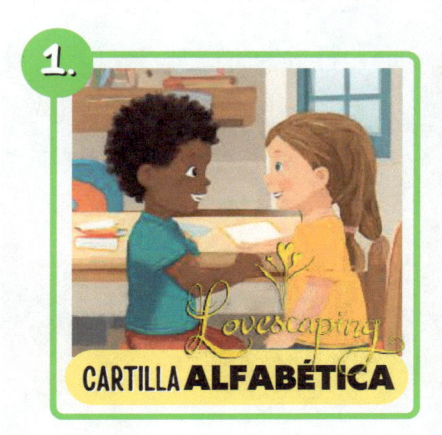

1. CARTILLA ALFABÉTICA

2. Relación sonido letra (Canción fonética + alfabeto)

3. Rima con CONFIANZA

4. Omisión del primer y último sonido.

5. Sonido inicial

6. Sonido final

7. Separación de sílabas

8. Vocabulario / Palabras de Uso Frecuente

9. Definición de Oración de Confianza

10. ¡Diviértete cantando, cantando y moviéndose!

RUTINA FONOLÓGICA DE 15 MINUTOS

GRATITUD

OBJETIVO DE LOVESCAPING

Tu hijo/a podrá definir y aprender sobre la gratitud y utilizar palabras y acciones que muestren gratitud y agradecimiento a los demás.

OBJETIVO DE ALFABETIZACIÓN

Tu hijo/a podrá desarrollar lenguaje, aprenderer la correspondencia entre letras y sonidos, el conocimiento del alfabeto, la formación de letras, la escritura de oraciones y leer palabras de uso frecuente.

Tu hijo/a podrá escuchar una historia y explorar vocabulario nuevo, partes de la historia y preguntas para aumentar la comprensión de lectura.

PILAR DE LA SEMANA: GRATITUD

Lección 1 (TIEMPO: 15 MINUTOS) — DÍA 1
- CÍRCULO DE **LOVESCAPING**
  - ¿QUÉ ES LA GRATITUD?
  - JUEGO DE ROLES
- CARTILLA **ALFABÉTICA DE** LOVESCAPING

Lección 2 (TIEMPO: 15 MINUTOS) — DÍA 2
- CÍRCULO DE **LOVESCAPING**
  - CANCIÓN Y VIDEO
- CARTILLA **ALFABÉTICA DE** LOVESCAPING

Lección 3 (TIEMPO: 15 MINUTOS) — DÍA 3
- CÍRCULO DE **LOVESCAPING**
  - CONCIENCIA FONOLÓGICA
- CARTILLA **ALFABÉTICA DE** LOVESCAPING

Lección 4 (TIEMPO: 15 MINUTOS) — DÍA 4
- CÍRCULO DE **LOVESCAPING**
  - LEER LIBRO EN VOZ ALTA Y PREGUNTAS

Lección 5 (TIEMPO: 15 MINUTOS) — DÍA 5
- LIBRO DECODIFICABLE

Lección 6 (TIEMPO: 15 MINUTOS) — DÍA 6
- CÍRCULO DE **LOVESCAPING**
  - EXTENSIÓN DE ESCRITURA
- CARTILLA **ALFABÉTICA DE** LOVESCAPING

Lección 7 (TIEMPO: 15 MINUTOS) — DÍA 7
- CÍRCULO DE **LOVESCAPING**
  - REPASO: ¿QUÉ ES LA GRATITUD?
- CARTILLA **ALFABÉTICA DE** LOVESCAPING

RUTINA FONOLÓGICA DE 15-MINUTOS

CÍRCULO DE **LOVESCAPING**

¿CÓMO TE SIENTES HOY?

Lección 1
(TIEMPO: 15 MINUTOS)

DÍA 1

Lee la definición de **Gratitud**, y consulta las actividades a continuación.

¿QUÉ ES LA GRATITUD?

Tomarse un momento cada día para pensar en las cosas positivas de la vida y expresar gracias por ellas ayuda a cultivar un corazón agradecido, haciendo que cada día sea un poco más brillante.

- ✓ Doy las gracias.
- ✓ Estoy agradecido con los demás.
- ✓ Muestro gratitud con mis palabras y acciones.

1. Lee la definición.
2. Repite la palabra 3 veces.
3. Conocimiento previo. ¿Qué sabe tu hijo/a sobre **Gratitud**? Forma una red. Forma una definición amigable con ejemplos y no ejemplos.
4. Deletrea la palabra en el aire o en la portada de esta lección con dos dedos.

GRATITUD

JUEGO DE ROLES

Es importante hacer que los demás se sientan apreciados y agradecerles lo que hacen por nosotros. ¿Puedes recordar un momento en el que estuviste agradecido?

¡Tengo gratitud cuando veo lo que otros hacen por mí!

Me hace feliz cuando...

¡Estoy agradecido cuando puedo ayudar a otros también!

Referirse a la **CARTILLA Alfabética** en la página 5.

TAREA DE AMOR Pregúntale a tu hijo/a: "¿Cómo practicarás la gratitud hoy?"

73

CÍRCULO DE LOVESCAPING

¿CÓMO TE SIENTES HOY?

Lección 2
(TIEMPO: 15 MINUTOS)
DÍA 2

CANCIÓN
Utiliza el código QR para cantar la canción sobre Gratitud.

Cantar es esencial para el desarrollo del lenguaje de tu hijo/a.

Gratitud
Gratitud
Puedo demostrar gratitud.

Apreciar a otros,
Lo que hacen y quienes son.

Gratitud
Gratitud
Puedo apreciar y sonreír a otros con gratitud.
¡Decir gracias es gratitud!

Escanea el código QR para ver un vídeo. Utiliza la guía de comprensión y analiza con tu hijo/a lo que aprendió sobre **Gratitud**.

¡VAMOS A VER UN VIDEO!

GUÍA DE COMPRENSIÓN

- ☐ Estamos agradecidos con los demás cuando...
- ☐ ¿Cómo te sientes cuando alguien muestra gratitud?
- ☐ ¿Qué es un ejemplo de no estar agradecido con alguien?

Referirse a la **CARTILLA ALFABÉTICA** en la página 5.

TAREA DE AMOR Pregúntale a tu hijo/a: "¿Cómo practicarás la gratitud hoy?"

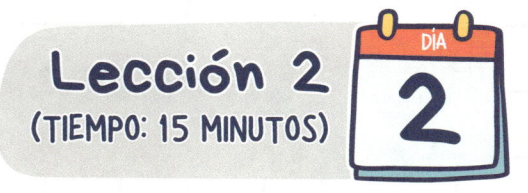

CÍRCULO DE **LOVESCAPING**

¿CÓMO TE SIENTES HOY?

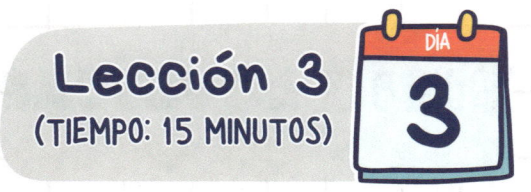

Lección 3
(TIEMPO: 15 MINUTOS)
DÍA 3

CONCIENCIA FONOLÓGICA

1. ¿Cuántas sílabas hay en **GRATITUD**? Gra-ti-tud tiene 3 sílabas.
2. ¿Qué otras palabras comienzan como **GRATITUD**? Gracias, oso, gris
3. ¿Con qué sonido empieza **GRATITUD**? Con el sonido /g/.
4. ¿Con qué sonido termina **GRATITUD**? Con el sonido /d/.
5. ¿Qué palabras riman con **GRATITUD**? Actitud, lápiz, virtud.
6. ¿Qué palabras no riman con **GRATITUD**? Ventana, plenitud, mar.

GR es un dígrafo o grupo de letras juntas. Debemos unir los sonidos /g/ y /r/.

PALABRAS DE USO FRECUENTE

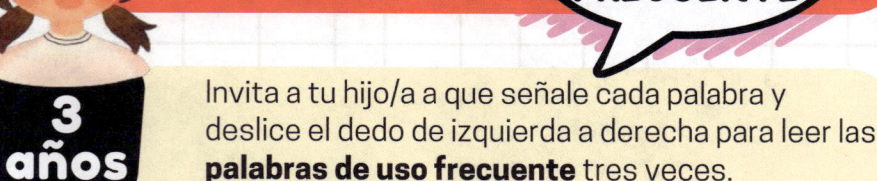

3 años: Invita a tu hijo/a a que señale cada palabra y deslice el dedo de izquierda a derecha para leer las **palabras de uso frecuente** tres veces.

PK-K: Lee las **palabras de uso frecuente solo/a** tres veces. Suena y mezcla los sonidos de las letras. Hazlo mas rápido cada vez.

como — cómo — con — todo

Referirse a la **CARTILLA ALFABÉTICA** en la página 5.

TAREA DE AMOR Pregúntale a tu hijo/a: "¿Cómo practicarás la gratitud hoy?"

CÍRCULO DE **LOVESCAPING**

¿CÓMO TE SIENTES HOY?

Lección 4
(TIEMPO: 15 MINUTOS)
DÍA 4

ESCANEA AHORA PARA ACCEDER AL LIBRO:
"LA GRATITUD ES MI SUPERPODER"
Autor: Alicia Ortego

LEER LIBRO EN VOZ ALTA Y PREGUNTAS

Visita la página del glosario para ver las definiciones en la página 1.

Vocabulario: Antes de leer el cuento, utiliza un diccionario para definir las siguientes palabras que se encuentran en el cuento: **Fenomenal, jaula, apenada, actitud, ociosa.**

3 años — Haz que tu hijo/a responda las primeras 3 preguntas.

PK-K — Haz que tu hijo/a responda las 10 preguntas.

1. ¿Quiénes son los personajes de la historia? ¿Los puedes describir?
2. ¿Dónde ocurrió la historia? **Escenario.**
3. ¿Cuál es el **tema** o idea principal de la historia?
4. ¿Qué pasa cuando somos agradecidos?
5. Cuándo las cosas no salen bien, ¿podemos todavía ser agradecidos?
6. ¿Cómo le ayudó la piedra a Betsy para ser agradecida?
7. ¿Cómo te ayuda el tener gratitud?
8. ¿Cómo te sientes cuando ayudas a otra persona?
9. Cuándo Betsy estaba triste, ¿podía ella estar agradecida por algo?
10. ¿Cómo se sentía Betsy al agradecer por todo al su alrededor?

TAREA DE AMOR Pregúntale a tu hijo/a: "¿Cómo practicarás la gratitud hoy?"

HORA DE DIBUJAR
TU PARTE FAVORITA DE LA HISTORIA.

TAREA DE AMOR Pregúntale a tu hijo/a: "¿Cómo practicarás la gratitud hoy?"

77

¡Yo siento **gratitud**!

¡Por eso soy feliz!

6

Me gusta dar **gracias**.

Doy **gracias** por mis amigos.

4

3

1 Doy **gracias** por...

2 mi familia.

5 Yo doy **gracias** por todo.

7 ¡Qué bello es dar **gracias**!

CÍRCULO DE LOVESCAPING

¿CÓMO TE SIENTES HOY?

Lección 6
(TIEMPO: 15 MINUTOS)
DÍA 6

EXTENSIÓN DE ESCRITURA

3 años
Escanea el código QR, utiliza arroz en un plato y traza letras con el dedo. Luego traza las líneas a continuación:

PK-K
Escribe una frase corta sobre **Gratitud** y haz un dibujo.
Haz que tu hijo/a lea las palabras de uso frecuente en la página 6.

Referirse a la **CARTILLA ALFABÉTICA** en la página 5.

TAREA DE AMOR Pregúntale a tu hijo/a: "¿Cómo practicarás la gratitud hoy?"

CÍRCULO DE **LOVESCAPING**

¿CÓMO TE SIENTES HOY?

Lección 7
(TIEMPO: 15 MINUTOS)

DÍA 7

REPASO: ¿QUÉ ES LA GRATITUD?

1. Repasa los conceptos de GRATITUD.

| Muestro gratitud cuando: | ¿Por qué es importante estar agradecido? | Señala las imágenes que muestran gratitud. |

2. Dibuja una ❌ dentro del círculo al lado de cada imagen que no muestra GRATITUD y una ✓ en las imágenes que muestran GRATITUD.

Estoy agradecido por mi comida.

¡Gracias!

Le doy las gracias a mi maestra.

Mi familia está agradecida por mi ayuda.

No digo "gracias".

Referirse a la **CARTILLA ALFABÉTICA** en la página 5.

TAREA DE AMOR Pregúntale a tu hijo/a: "¿Cómo practicarás la gratitud hoy?"

PILAR DE LA SEMANA: GRATITUD

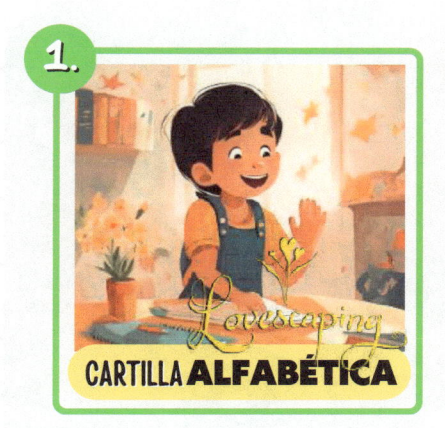

1. CARTILLA ALFABÉTICA

2. Relación sonido letra (Canción fonética + alfabeto)

3. Rima con GRATITUD

4. Omisión del primer y último sonido.

5. Sonido inicial

6. Sonido final

7. Separación de sílabas

Gratitud Gra-ti-tud
Gra-ti-tud Gratitud
Gratitud Gra-ti-tud

8. Vocabulario / Palabras de Uso Frecuente

Yo cada
no soy hoy
largo tener

9. Crea una Oración con Gratitud

10. ¡Diviértete cantando, cantando y moviéndose!

RUTINA FONOLÓGICA DE 15 MINUTOS

82

AUTORREGULACIÓN   CUIDADO   RESPETO   HONESTIDAD   CONFIANZA   GRATITUD

¡FELICIDADES!

_____
(TU NOMBRE)

Por completar este libro de trabajo en: _____
(FECHA)

Has dado grandes pasos para convertirte en un lovescaper alfabetizado. Sigue explorando, sigue aprendiendo y continúa practicando la autorregulación y los pilares del cuidado, el respeto, la honestidad, la confianza y la gratitud en todos los aspectos de tu vida.

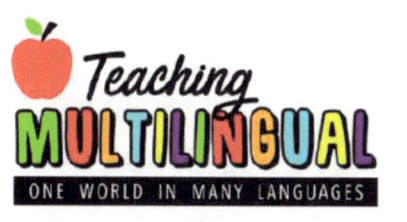

Lovescaping

Teaching Multilingual — ONE WORLD IN MANY LANGUAGES

LECTURA
RECURSOS ADICIONALES

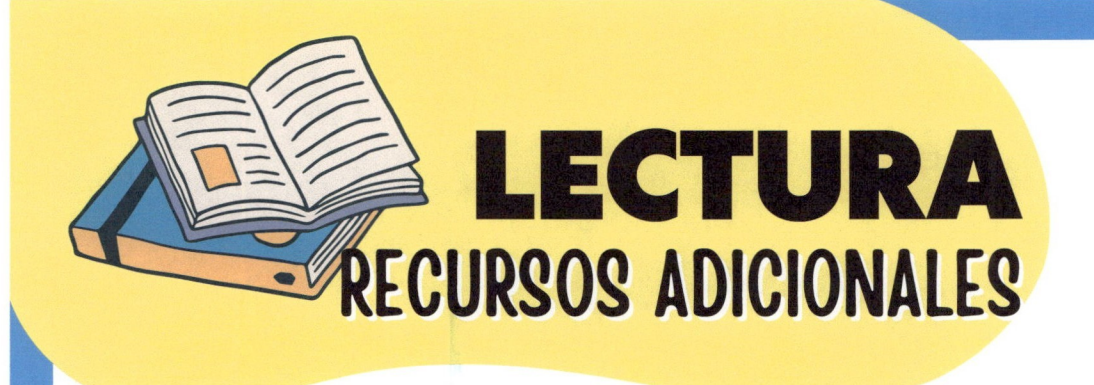

ESCANEA AQUÍ:
50 Cuentos con valores y sabiduría. Cuentos para pensar y reflexionar

ESCANEA AQUÍ:
Nivel 1 canción de los sonidos de las letras

ESCANEA AQUÍ:
Alfabeto Socio-emocional de Lovescaping

ESCANEA AQUÍ:
Libros desde el Nacimiento

ESCANEA AQUÍ:
Recursos para Familia de Texas Education Agency

ESCANEA AQUÍ:
Libros digitales Colorín Colorado

ESCANEA AQUÍ:
Lovescaping

ESCANEA AQUÍ:
Teaching Multilingual, LLC

Made in the USA
Columbia, SC
18 January 2025